Inhalt

Konvergenz zwischen US-GAAP und IFRS - eine Bestandsaufnahme

Kernthesen

Beitrag

Fallbeispiele

Weiterführende Literatur

Impressum

GENIOS WirtschaftsWissen Nr. 06/2007 vom 04.06.2007

Konvergenz zwischen US-GAAP und IFRS - eine Bestandsaufnahme

A.Kaindl

Kernthesen

- Unter Konvergenz von US-GAAP und IFRS ist die Annäherung der beiden Rechnungslegungssysteme zu verstehen.
- Das Ziel ist einheitliche globale Rechnungslegungsstandards.
- Die US-Börsenaufsicht SEC äußert sich in der Öffentlichkeit nur sehr zurückhaltend, was die Anerkennung der IFRS durch sie betrifft.

Beitrag

Nach jahrelangen Diskussionen über eine Anerkennung der internationalen Bilanzierungsvorschriften IFRS in den USA, ist die SEC nun zu einem großen Schritt bereit: Sie überlegt, auch US-Unternehmen ein Wahlrecht zwischen IFRS und US-GAAP einzuräumen.

Definition und Ziel der Konvergenz

Unter Konvergenz von US-GAAP und IFRS ist die Annäherung der beiden Rechnungslegungssysteme zu verstehen. Bei diesem Prozess geht es darum, die bestehenden Unterschiede schrittweise zu reduzieren. Das damit verfolgte Ziel ist es, globale einheitliche Rechnungsvorschriften von hoher Qualität zu schaffen, die verständlich und durchsetzbar sind und daher von allen Marktbeteiligten an jedem Börsenplatz weltweit akzeptiert werden. Hierdurch sollen die hohen Kosten reduziert werden, die vielen Unternehmen dadurch entstehen, dass sie gezwungen sind, ihre Finanzberichterstattung parallel nach unterschiedlichen Rechnungslegungsnormen erstellen zu müssen. [1]

Europäische Unternehmen, die den US-amerikanischen Kapitalmarkt nutzen wollen, unterliegen grundsätzlich den gleichen

Registrierungs- und Berichterstattungspflichten wie US-Gesellschaften. Diese europäischen Unternehmen müssen bei der Erstnotierung bzw. bei der laufenden Notierung Jahresabschlüsse auf der Basis der US-GAAP bzw. eine Überleitung der Rechnungslegung von lokalen GAAP auf US-GAAP bei der amerikanischen Börsenaufsichtsbehörde SEC einreichen. (1)

Dieses Nebeneinander unterschiedlicher Rechnungslegungssysteme verursacht signifikante Kosten. Im Zusammenspiel mit den immensen Aufwendungen, die der Sarbanes-Oxley Act aus dem 2002 den Unternehmen auferlegt, tendieren immer mehr europäische Gesellschaften dazu, auf ein Börsenlisting in den USA zu verzichten bzw. eine bereits existierende Notierung aufzuheben. (5)

In der Praxis zeigt sich die Divergenz von US-GAAP und IFRS in den Überleitungsrechnungen der Unternehmen durch die zu quantifizierenden Abweichungen für die einzelnen Posten des Jahresabschlusses bezüglich deren Auswirkungen auf den Jahresüberschuss und das Eigenkapital. (1)

Roadmap der SEC für eine

Anerkennung der IFRS

In einer sog. Roadmap legte die SEC im Jahre 2005 die aus ihrer Sicht erforderlichen Schritte und Maßnahmen dar, die zur Anerkennung der IFRS durch die SEC notwendig sind. Die in der Roadmap in Aussicht gestellte Eliminierung der Überleitungsrechnung setzt voraus, dass der IFRS-Abschluss nach den Rechnungslegungsstandards aufgestellt ist, die das IASB offiziell verabschiedet hat und nicht nach denen, die die Europäische Union (EU) anerkannt hat. Die EU erkennt zum einen die IFRS oft erst mit großem Zeitverzug an und zum anderen werden die IFRS teilweise nicht in ihrer originären Form übernommen. Die SEC hat bereits 30 unterschiedliche IFRS-Versionen identifiziert, die jeweils nationale Unterschiede enthalten. (1)

SEC erleichtert Delisting

Die SEC teilte im März 2007 mit, dass sie den Rückzug ausländischer Unternehmen von amerikanischen Börsen erleichtert. Demnach können sich ausländische Unternehmen mit einem niedrigen Handelsvolumen an den US-Börsen künftig von den Berichtspflichten an die SEC befreien. Die Deregistrierung wird möglich, wenn das

Handelsvolumen einer Gesellschaft in den USA in einem Zeitraum von zwölf Monaten gegenüber ihrem weltweiten Handelsvolumen unter fünf Prozent liegt. Einige deutsche Unternehmen, die an amerikanischen Börsen notiert sind, hatten den wegen einer verschärften Regulierung gestiegenen zeitlichen und finanziellen Aufwand für eine Börsennotiz in den Vereinigten Staaten kritisiert. Bisher mussten sie bei der SEC registriert bleiben, wenn sie mehr als 300 amerikanische Aktionäre hatten. Damit war ein Rückzug nahezu unmöglich. Die neuen Vorschriften sollen Mitte 2007 in Kraft treten. (5)

Fazit zum gegenwärtigen Zeitpunkt

Im März 2007 trafen sich leitende Vertreter der SEC mit Vertretern verschiedener Kapitalmarktinteressengruppen zu einer Diskussionsrunde zum Thema Roadmap. Die Möglichkeiten im Hinblick auf Zeitpunkt und Art der Eliminierung der Überleitungsrechnung bildeten den Schwerpunkt der Diskussion. Die Vertreter der SEC äußerten sich sehr zurückhaltend bzgl. des Meinungsbildungsprozesses innerhalb der Behörde zur Annerkennung der IFRS. (1)

Die Vertreter sämtlicher Interessengruppen waren sich einig, dass nach der Akzeptanz der IFRS durch die SEC, die Regulierungsbehörden unter allen Umständen eine einheitliche Anwendung und Interpretation sicherstellen müssen. In diesem Zusammenhang wurde insbesondere vonseiten der Analysten und Rating-Agenturen gefordert, dass die SEC zur Erreichung dieses Ziels sehr eng mit den anderen weltweit tätigen Regulierungsbehörden zusammenarbeiten muss. (1)

Im April 2007 teilte die SEC mit, dass sie im Sommer 2007 einen Vorschlag präsentieren will, der nicht nur ausländischen Emittenten ein Wahlrecht zwischen IFRS und den US-GAAP einräumt, sondern auch den US-Firmen. Damit würden internationale und nationale Konzerne im bedeutendsten Kapitalmarkt der Welt gleich behandelt werden. Diese Ankündigung ist als Sensation zu werten, denn bislang war allenfalls erwartet worden, dass in den USA die IFRS für eine Notierung ausländischer Gesellschaften akzeptiert werden könnten. (3)

Kooperation von BaFin und SEC

Die deutsche Bundesanstalt für

Finanzdienstleistungsaufsicht (BaFin) und die SEC haben im April 2007 ein bilaterales Memorandum of Understanding unterzeichnet. Die beiden Aufsichtsbehörden vereinbarten den regelmäßigen Austausch von Informationen zu den von ihnen beaufsichtigten Kredit- und Finanzdienstleistungsinstituten. Außerdem sicherten die Behörden einander zu, Prüfungen vor Ort zu ermöglichen und sich dabei gegenseitig zu unterstützen. SEC und BaFin verpflichteten sich, dafür zu sorgen, dass ihre Finanzplätze auch in Zeiten eines sich stetig wandelnden und zunehmend globalen Marktes offen, fair und transparent bleiben. Die Zusammenarbeit ist notwendig, um eine reibungslose und effiziente Aufsicht über international tätige Finanzdienstleister in den USA und Deutschland zu ermöglichen. Der Präsident der BaFin und der Chairman der SEC machten deutlich, dass die deutsch-amerikanische Übereinkunft ein erster Schritt auf dem Weg zu einem multilateralen Abkommen ist. (2), (4)

Fallbeispiele

Der SEC-Vorsitzende Christopher Cox betonte in

einer Rede zum Thema Roadmap im März 2007 die Absicht der SEC, am Ziel der Roadmap, der Eliminierung der Überleitungsrechnung, festzuhalten. Dabei sah er es als nicht erforderlich an, dass es zu einer vollständigen Konvergenz zwischen den US-GAAP und den IFRS kommt. (1)

In einer Rede zum Thema Roadmap im März 2007 ging der EU-Binnenmarktkommissar Charly McCreevy vor allem auf die Bedeutung der engen transatlantischen Kooperation zwischen den Regulierungsbehörden sowie den Standardsettern ein. Die Abschaffung der Überleitungsrechnung auf US-GAAP sieht er als notwendige Konsequenz des zur Realität gewordenen globalen Kapitalmarkts. (1)

Nach der von der SEC beschlossenen Regelung zum Delisting könnten ca. 29 Prozent der 1 200 ausländischen Unternehmen, die bei der SEC registriert sind, die Notierung streichen lassen. (5)

Die Bilanz der annähernd 20 deutschen Unternehmen mit einer Notierung in den USA fällt ernüchternd aus: Statt hoher Umsätze amerikanischer Investoren und einer Aktie, die als Zahlungsmittel bei Übernahmen jenseits des Atlantiks dient, haben die Unternehmen vor allem hohe Kosten. (6)

Weiterführende Literatur

(1) Stand der Konvergenz zwischen US-GAAP und IFRS: Anerkennung der IFRS durch die SEC Eine kritische Bestandsaufnahme
aus Kapitalmarktorientierte Rechnungslegung, Heft 5 vom 2.5.2007, Seite 245 -

(2) Anlegerschutz quer über den Atlantik
aus Frankfurter Allgemeine Zeitung, 27.04.2007, Nr. 98, S. 25

(3) SEC erwägt großen Schritt auf IFRS zu
aus Börsen-Zeitung, 27.04.2007, Nummer 81, Seite 9

(4) BaFin und SEC kooperieren
aus Börsen-Zeitung, 27.04.2007, Nummer 81, Seite 5

(5) SEC stärkt ausländische Firmen
aus Handelsblatt Nr. 058 vom 22.03.07 Seite 22

(6) Seibel, Karsten, Unternehmen mit US-Listing spüren Macht der SEC besonders, Welt am Sonntag, 29.04.2007, Nr. 17, S. 25
aus Handelsblatt Nr. 058 vom 22.03.07 Seite 22

Impressum

Konvergenz zwischen US-GAAP und IFRS - eine Bestandsaufnahme

Bibliografische Information der deutschen Nationalbibliothek

Die Deutsche Nationalbibliothek verzeichnet diese Publikation in der deutschen Nationalbibliografie; detaillierte bibliografische Daten sind im Internet über http://dnb.d-nb.de abrufbar.

ISBN: 978-3-7379-1352-2

© 2015 GBI-Genios Deutsche Wirtschaftsdatenbank GmbH, Freischützstraße 96, 81927 München, www.genios.de

Alle Rechte vorbehalten. Dieses Werk ist einschließlich aller seiner Teile – z.B. Texte, Tabellen und Grafiken - urheberrechtlich geschützt. Jede Verwertung außerhalb der Grenzen des Urheberrechtsgesetzes bedarf der vorherigen Zustimmung des Verlags. Dies gilt insbesondere auch für auszugsweise Nachdrucke, fotomechanische Vervielfältigungen (Fotokopie/Mikroskopie), Übersetzungen, Auswertungen durch Datenbanken oder ähnliche Einrichtungen und die Einspeicherung und Verarbeitung in elektronischen Systemen.